盈心

米鸿宾 著

人民东方出版传媒
People's Oriental Publishing & Media
東方出版社
The Oriental Press

图书在版编目（CIP）数据

盈心 / 米鸿宾 著 . —北京：东方出版社，2022.9
ISBN 978-7-5207-2919-2

Ⅰ.①盈… Ⅱ.①米… Ⅲ.①格言—汇编—中国—现代 Ⅳ.① H136.33

中国版本图书馆 CIP 数据核字（2022）第 145380 号

盈心
（YING XIN）

作　　者：	米鸿宾
责任编辑：	贺　方　冯　川
出　　版：	东方出版社
发　　行：	人民东方出版传媒有限公司
地　　址：	北京市东城区朝阳门内大街 166 号
邮　　编：	100010
印　　刷：	鑫艺佳利（天津）印刷有限公司
版　　次：	2022 年 9 月第 1 版
印　　次：	2022 年 9 月第 1 次印刷
开　　本：	880 毫米 ×1230 毫米　1/32
印　　张：	5.375
字　　数：	26 千字
书　　号：	ISBN 978-7-5207-2919-2
定　　价：	68.00 元
发行电话：	（010）85924663　85924644　85924641

版权所有，违者必究
如有印装质量问题，我社负责调换，请拨打电话：（010）85924602　85924603

作者简介

米鸿宾，十翼书院创始人，文化学者。门生遍布海内外，门下山长之才辈出，栋梁济济绵绵。襄助门生创有慧胤书院（深圳正威集团）、德锦书院（济南）、东巴书院（丽江）、卓生书院（西安）。

已出版《一代传奇：邵雍的智慧》、《一生感动：日本匠人精神与家训》、《会心：每日一觉365》、《传心》、《解密中國智慧》（繁体版）、《米鴻賓名言集》（日文版）、《大易至簡》（繁体版）、《大易识阶》、《道在器中：传统家具与中国文化》、《六壬神课金口诀心髓指要》、《神奇桓仁：中国易学标本地》等十余部著作，喜马拉雅音频签约名家。

邮箱：mhbjkj@163.com

微信：shiyishanzhang

读书不贵在多,真知晓几句,即可充饥。明理不必在言,能领悟数语,便有大用。

——米鸿宾

目录

一 ⬩ 自序 /1

二 ⬩ 绝学 /7

三 ⬩ 养志 /47

四 ⬩ 宗经 /91

五 ⬩ 识鉴 /99

六 ⬩ 涉事 /133

一

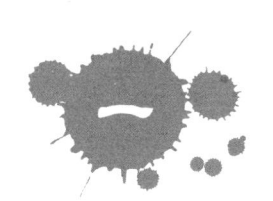

自序

序　盈心神方朗

（一）盈心

所谓"盈心"，乃饱满内心、充盈生命之意。

"盈心"一词，古之见载者缤纷广大。如唐代皇甫冉曰："坐觉盈心耳，翛然适楚情。"（《赋得郢路悲猿》）宋代道书《云笈七签》中言："盈心神方朗。"清代王夫之曰："盈气盈心，挟为成理。"（《姜斋文集》）

……

（二）盈气

明代冯时可曰："人心与天地万物神通脉接，常存此心，四时之气自备。"（《雨航杂录》）而充盈之心，便是四时之气皆备的。

人世间，浩浩尘境，翩翩幻

躯，不解须臾者，颠倒崎岖，任意奔波，支离沉滞；能契法喜者，可盈其心。"不以无人而不芳，不因清寒而萎琐。"（《孔子家语》）

（三）盈慧

由来天载寂无声，贞观妙意起蔚然。

书中俱为心得之言，时而冥会先贤，时而自放心月，时而于不经意间彰显化源——或领贤人之意，或拈微言之妙，或意古于天，或喝棒并驰，间存豁情之力、谦下之德，清心阅之，或受恩泽，或受砥砺，或畅心神，或崇芳慧，或益心志，或慕旨趣。谛语圆通，弥纶广大，徐徐沁入，腾跃灵明，各得其馨……

读之不啻披开千门万户！

（四）盈馨

一句盈心语，足可度迷津。

自序

祈愿书中之言，咸能嘉惠人间。惟愿清辉自化，以补时代之缺，庶其世寿无垠，秀誉远天涯。

是为序。

——米鸿宾
2022 年 2 月 8 日
于海南文昌

二

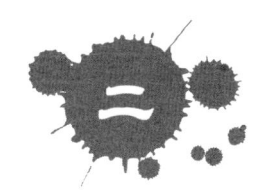

绝学

001

北宋张载的"横渠四句"道出了中国知识分子自宋代以来共同的心声:"为天地立心,为生民立命,为往圣继绝学,为万世开太平。"其"为天地立心",立的是恭敬平等之心;"为生民立命",立的是护法、护生的慧命;为"往圣继绝学",继的是证道的方法;"为万世开太平",开出的是无有染污的清净太平之心。其中,张载未对"绝学"二字做出阐释,而我认为:随取一法,蕴于心中,便可以安身立命,这便是"绝学";而能"为往圣继绝学",才能真正体证到传统文化的神韵和精妙之智。

002

真正的道心，是不会被任何事物所障碍的。

003

熟能生巧——最高妙的"巧"，是无逻辑、无思维、无障碍的，它是顺势而为的天然展现。

004

在智慧未能饱满之前,仍需依托逻辑来成长。但逻辑是舟筏,上岸才能抵达智慧。

005

按照天道来,才会有天人之慧。按照人事来,就只能鱼龙混杂了。

006

世间事,知其要者,触类旁通,一言而终;不知其要者,头上安头,流散无穷。

007

任何成功,都离不开正确的方向和智慧的方法。

008

你有一段真实身心，就有一段万丈光芒。

009

身心的灵透要超越语言，才能真正地大白于天下。

010

　　语言和文字是工具，运用正确，是智慧的门户，反之则为墙。而欲期身心出入无碍，则需门户通畅。

011

　　　透网

皮囊为大患，昧却本来真。
早寻真富贵，应机脱沉沦。

🎧 012

自箴

绝学傍身堪迈世，暂借凡体随其缘。
任他万事明与暗，不做人间愚痴汉。

🎧 013

真师

多年迷其锢，一朝启聪明。
师言虽短简，胜拥十万兵。
爱之如性命，敬之如神明。
仰之如日月，畏之如雷霆。

◠ 014

很多努力的人,因为接收到的信息价值含量太低,导致人生一直缺少成功的机会。

◠ 015

鱼在水中不知水,人在道中不知道。殊不知,唯有大智能照诸迷,真慧可指明津。

016

越是处于陌生之地,你的所学就越能如入无人之境。这是心无挂碍的加持所致。

017

所有学习,皆为祛除无明、开启智慧而来。若不能抵此,皆为迷人。

018

从智慧的角度而言，很多人都是晚熟的，并且多是被他人催熟的，虽然后来有所开窍，但仍不稳定。因而，这世上最稀有的就是自熟者——伴随着多种顺增上缘与逆增上缘，他们的智慧不断地从生命中涌现而出，展现出无所不在、无所畏惧的轻松与自在。

019

你若内有风光，又何须雕琢？

020

有了滂沛的视野与智慧，再加上行辞并辉，生命才会饱满与庄严。

021

这个世界，谁充满正见的定力强，谁就是赢家。

022

人生，一定要学会自己向内清淤。因为，没有诚敬的心，就学不到殊胜的法！尤其是当你遇到明师之后，则更应如此。

023

善于与虚无沟通，便是智慧的源泉在涌动。

024

问：追随明师如何才能学好？
答：全然展示你不带任何条件的信任。

025

智者，能预果推因，更能站在果位的高度，完成当下的行持。

026

赐人千金，不如送人一智，因为孤灯能除宿暗、一智能灭久愚。

027

能解决当下问题的智慧，才是真正的证悟。

028

自古以来,能化通天地者,皆可布道传经——导之以理,诱之以情,说之以文,表之以法。

029

在有道者的生命中,很多杳冥不可见的风光,都能令其通身踊跃!

030

心无旁骛,凌空蹈虚。无知而知,是为圣智。

031

心有千千智,灵苗随处生。

032

很多人看起来的优秀，其实都应付不了他的自困。那是因为，他的智慧承载不了他的光华。

033

有骨气，有底线，有智慧，有作为，有无畏之安，能自己做主，从心而行，令人尊敬，才是达人。

034

莫被他人的情绪所左右,要学会从一切现象中长智慧。

035

一个人对另一个人的大好,就是要能令其不断地焕然一新。

036

立定志向，有情有义，慕贤精进。能趋此境，则栋梁可期！

037

人生没有十全十美。老天给你开一扇新窗时，往往就要关掉你很多窗。你若选择了智慧、开心和幸福，磨难就会阻止你脱网。此时，就看你如何用慧剑斩心魔了。

038

愿得智慧刹那，开出一生芳华。

039

要想活得有质量，必须具备以下特质：干净整洁，行事有序，能节约（即：节约生命，包含时间、财物、精神、感情、体力），善于沟通，有特定的爱好形成自己的特点（特长与安身的能力），有共情的能力，能设身处地地站在他人角度思考问题，有整体观，并有远见。

◠ 040

人世间所有的荣华富贵,都不及一位给予你究竟智慧与真爱能力的人。

◠ 041

法隆

天地有虚玄,神交在无间。
达师传古意,妙法醒万年。

042

　　能举一反三还远远不够，能举一反十的人才是通达无碍的高人。

043

　　往日可鉴不可追！祈愿时时刻刻都能有不同的智慧来丰沛生命。

044

先悟道,再证道,而后能弘道,如此堪为传道人。

045

言思与体证水乳交融,才能抵达觉悟,才是胜缘。

046

真正的明师，会以个人化的窍诀教授，直接开启你的智慧与传承之道。

047

当念头全然清净庄严之时，便是立于"神圣"之境。而此时你所在的每一处，都是圣地。

◦ 048

真正的自立，是不需要依赖任何人都能心安无惧的。

◦ 049

真正透得天理、地理与人理，欲望将不堪一击。

050

体悟真理,要能超越知识并在经验上抵达。这叫理事不二。

051

祈愿所有结缘者,即使未曾谋面,也都能对智慧有所增悟。

052

真知为善,无明为恶。知而不行,便是向恶势力低头。

053

要与智慧保持坚固的链接。要发心让各种现象都成为你增长智慧的引擎与源泉。

◎ 054

　　阴阳是中国哲学的基础，五行是中国文化的基本结构，天人合一是中国智慧的核心精蕴。阴阳、五行、干支、八卦，皆朴素地表达了世间万物的属性及轨迹，它们都是证道的重要工具。

◎ 055

　　真正有道者，皆能在百姓日用之中，开辟出一个蒸蒸日上的精神乐园。

056

"有学艺者,触地而安。"(南北朝颜之推)那些真正有学问和才艺者,皆葆有安身立命的功夫,走到哪里都能有无畏之安。

057

多与高人在一起,你的语境自然会被拉高,视野也得以开阔——而这,才是真正的"高谈阔论"。

◦ 058

什么是格物?首先要了解什么是格,什么是物。

◦ 059

"格",《说文》曰:"木长皃。"意即有别于其他树枝的特质,引喻为探究事物的特质。

060

什么是物？周代尹喜曰："凡有貌、像、声、色者，皆物也。"凡有样貌（虚实均可）、形象（实象）、声音和颜色的事物，都属于"物"的范畴，皆有规律可循。

061

而格物，就是探究事物势能发展变化规律的学问。它为人们提供先见之明、顺势而为、胜物而不伤的方法和智慧，使人能具有各就各位、各自饱满的能力。它是抵达中国文化功夫境界的路径。

062

格物智慧窍诀：

同声相应，同气相求，事事相关，物物相应；

远取诸物，近取诸身，其大无外，其小无内。

063

"天人合一"是中国文化的核心精蕴和学习方向，而诚意、勤奋和格物智慧，是抵达的方法。

绝学

🔊 064

　　有了格物的功夫，才会有识势和乘势的智慧。

🔊 065

　　格物是功夫，明德是境界——祈愿我们早日成为一名法将。

066

但凡真智,皆能应机证法——应当下机,辨当下证,享当下福,安当下心!

067

依靠意识心和分别心是很难悟道的,只有无思无为地融入一切,才有证悟的可能。

068

谋者，阴之道也；德者，阳之道也。阴阳合德，乃可大，可久，可安，可裕人。

069

常态思维与逻辑脱落得越多，距离智慧就越近。

盈心

070

"顺时施宜"不仅仅是先贤的教诲，更是功夫与智慧。

071

只有心中了了分明时，才能有得心应手之功。

072

从中国智慧的角度而言，无法，无天，便无道。

073

如何葆有真正洒脱的功夫？遇贱则贵，遇贵则贱。

三

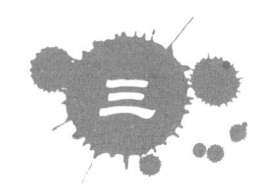

养志

养志

074

但凡能令人生机共沐、喜乐均沾者,皆为贵人。

075

但有一颗慧泉心,可涌洪波四海流。

076

色衰而爱弛,唯有智业可长芳。

077

外物是吾臣，自心是吾君。君臣恒相安，身心才通达。

078

很多时候，以所谓对别人好的姿态出发，指责别人的道德和臆测别人的行为与动机，但自己却一向挥霍欲望、营私昧心、巧言令色，甚至搬弄是非……多大的才华和福报都填不满这个软弱而肮脏的坑！

养志

079

悟道如同修仙，日久年深，锲而不舍，自然会脱胎换骨。因而，学人不必担心不能悟道，当忧修学功夫是否能够勤勉。

080

在正向的道路上，那些不愿意突破自己的人，其生命往往都被淹没在扁平轮回的日子中。

盈心

081

莫道智慧深如海,久久为功绽天心。

082

能让人动心的同时,更要有能让人安心的力量,如此方为大善之人。

083

这个社会不缺人,但缺人才!那些有养无教、父母作孽者,最后受害的,不仅仅是自己,还有家庭与社会。

084

问:如何是好修行?答:十二时中,一贫如洗!

085

一百年前没有你,一百年以后也没有你,你所占有的空间就是那么有限,时间就是如此短暂。问问自己:你的永恒建立在什么地方?

086

聪明者,常思胜人;智慧者,常念胜己。

087

方向正确,若想如实抵达,还需具备自我涅槃的勇气。

088

帮不上的忙,就最好在远处祈祷他们早日证悟。

089

照澈

心有无量光，足可砭世盲。
以此养纯性，居瘴神不荒。

090

励志

大千归方寸，虚空养法身。
有此浩然气，处处蕴精神。

091

半百偈

业落尘网中,一去五十辰。
久负阴阳力,此际始为人。
回首半百年,终亏父母恩。
祈天能再佑,一展我精纯!

092

阴阳合德,乃可大,可久,可安,可裕人!

093

一个能随时静静地恣意绽放道心的生命，一定是一路凯旋的。

094

当我们在欣赏那些绽放的生命时，除了赞叹之外，还应该想到自己的不足与悲哀。因此，就要更加精进，勿息半途！

095

道法枯萎，则如水泡石；语言空洞，毫无心得。

096

数十年顽劣，已不必再积；能体证之喜，速斋心即契。

∽ 097

要能让自己与圣贤的心意相契,并能安住于其中,而非流于形式与游于教言。

∽ 098

生命的昂扬,需要不断寻找令慧命上行的源泉。

099

持续得到开悟源泉的滋养,方能登临抵达智慧人生的法船!

100

盈心

一点方寸独自豪,
身居闹世抱深心。
自古英雄行大计,
只积清心不积金。

101

传馨

举世茫茫遍秽行,
何人浊里能澄清?
莫道天地无供给,
世间可遗一洁名。

102

智慧是最大的财富,没有智慧的福报,是自消自耗。

养志

103

天人化迹,留一慈悲在人间。迷者自迷,明者难明,众机等熏,天地行不言之教。

104

全然的放松,才能流布真情与大慧。

105

不贪不占，不废不屈，不黏不滞，不纵不懈，不卑不亢，这是多么轻盈而达观的人生啊！

106

岁时即便再鄙劣，心意即便再焦枯，都不应为世道之奴、权力之奴、欲望之奴。若能如此，即为枯木也定能逢春。

107

人生此起彼伏，老天总给精进者以光亮。

108

在任何条件下，都要先学会汲取优秀的内容，不要让情绪障碍了自己的性命和未来，这才是你的胜意。

109

葆有超越别人见地和经验的正向发心和言行,才会有无畏之安。

110

人之富,莫过于知己。能知己者,一生安稳从容。

养志

111

格局一大,生命就不会沉沦于琐碎与是非;而真正通达之人,总能简单得铿锵有力。

112

静坐常省己过,默观但长胸襟。

113

人生未得机遇时，一定要下苦功夫磨砺身心，涵养精神，待时而动，而非躁动随波，或萎靡于世。

114

无论信仰什么，都要先拥有善解人意的功夫。这种言之极易、行之极难的功夫，需要你能做到：忍辱负重，委曲求全；行有不得，反求诸己。

养志

115

人生有很多清醒的堕落。比如，知错而不改，知善而不行。

116

人之活泼，非为能跑、能跳、能唱、能言、能情……才是活泼。苟真能趋活泼之境者，必能时时慧力盎然。

117

真谛在行间——行善业并能日日不懈，久而久之便能海阔天空。

118

什么是浩然之气？浩然之气就是：脚踩泥土，气在云端，心中了了分明！

养志

119

人生，要努力让生命呈现质地精良的光芒。

120

身心无病无患，是大富贵。

121

信心的分量,不竭的愿力,是胜意的源泉。

122

心有万万春,足可慰俗尘。

养志

◠ 123

要感恩所有对你真诚而无杂质的信任。

◠ 124

要找到令自己耻辱的思维方式,并摧毁它。

125

让生命卓越,让你的爱充满智慧、温柔、喜庆与庄严。

126

珍惜当下,感恩一切增上缘。

养志

127

当你不断强调要更"用心"时,就暴露了之前的一些不诚实。

128

要让生命葆有贯通的魅力。

129

古语云：一分精神，一分富贵，精神与富贵是高度匹配的；同理，一分敬畏，一分智慧，敬畏与智慧也是高度匹配的。

130

古往今来，人往往都是随缘而居，凭福安身的。

131

种种的堕落，无非是从利欲熏心、标准矮化、自暴自弃开始的。

132

不陷入他人情绪中，就是不染，就是干净；精进不懈，做好自己，就是庄严，就是清明。

盈心

133

富贵稳中求,勿因财帛而添乱。

134

人在动心之际,生命会奔向欢喜。

养志

🎧 135

人生虽多苟且,但总会有一些人让你昂扬,能令你在属于自己的小千世界里安闲明澈。

🎧 136

生命若能时时有百花盛开与芳香四溢,则在在处处都会有向阳一片的盎然。

137

环境再差,都不妨碍自己意志的滂沛。别人再沉沦,都不能成为自己堕落的动因。

138

人生,一时以口,百世以书。一个人,若能用自己的作品来芬芳生命,则是世间最美的妆颜!

139

万物生发，离不开光合作用，而生命亦然——要多亲近有光的人，让这些光源更好地升腾自己。

140

渐渐成熟的人生，是透过无数个误解才走向坚韧的！

141

神明最怕脏——你的灵魂越清澈,离神明就越近。

142

人生,默默努力,细细耕耘,渐渐殊胜!

养志

○ 143

天地浩浩汤汤，人情反反复复，心若能够安然，便是浊中清源。

○ 144

自强才能不息，自力才能更生。

145

真正鲜活的生命,看似不动声色,却生机无限。

146

明以脱俗,和以谐俗,达可通俗,睿可领俗。

养志

◯ 147

如何培福？真诚，从善如流，还要对人好。

◯ 148

一切浮躁、骄傲、嫉妒等情绪，都可以是逆增上缘，都能成为你生命中的慧光。

149

势能的作用是有因果的——若要有源源不绝的人脉,你就得让自己葆有用之不竭的价值。

150

时光不泯来时路,看君如何待未生。

151

耘己

腰缠虽逾千千万,人生能止几尘嚣?
但取一诚蕴大慧,身心俱怡法迢迢。

152

真正的喜悦,源自内在的平和以及无条件的爱;而对生命无条件的爱与感恩,就是每个生命的"娘家"。这,也是大年初二"回娘家"的另一种嘉义。

153

深沉与高渺并见，平实与睿智俱呈，生命定会福禄绵绵。

154

尊严从来都是自给自足的。心中有担当，脚下才有光华，以至于身处任何时代，生命都可以获得安稳与喜乐。

养志

⌒ 155

善业明晰,志向坚毅,行动与时偕行,则硕果必会纷呈。

⌒ 156

不动声色地消弭掉那些不堪与狼藉,只葆有自信、精进、庄严与明亮,这就是盎然的生命。

157

何谓一世安然?那就是明明白白地活,清清楚楚地死,干干净净地走,坦坦荡荡地立。

158

任何时代,能认真参学,令自己葆有安身立命功夫者,都是心明眼亮的人!

四 宗经

宗经

159

《论语·雍也》载:"君子周急不济富。"

160

《法句经·无常品·普贤警众偈》云:"如河驶流,往而不返,人命如是,逝者不还。是日已过,命亦随减,如少水鱼,斯有何乐?"可见,君子最紧要的是要做兴人慧命之事,而非耗时去助人饱欲。

161

《诗经·大雅》曰:"上帝临女(同'汝'),无贰尔心。"老天看着你呢,不要自欺欺人。这就是"人在做,天在看"!

162

《管子》曰:"虚其欲,神将入舍。"念头清净、诚意具足者,神明自归——只有如此,人才有成为万物之灵的可能。

宗经

163

所有的生命都要归经才能尽其天年——在身,是归经络(五脏六腑皆归经,药物亦归经);在心,是归经典(通经致用,经天纬地)。不归经典道径,则人生无有高明之慧。

164

学经典有什么用?经典是纯阳之物、无方之药、无价之宝。学经典能补阳气,能践行天人合一的智慧。为什么呢?因为,经者,径也,契天之用也!采经补阳是人长生之良药。

165

书中自有天理与真乐，自有达情可破坚，自有欢颜如美玉，但你读书却读到把心都绊死了……何必如此辱书呢？

166

《道德经》曰："知常曰明。"要想成为明白人，就要葆有"寻常"的功夫——要能找寻到万物处于常态时的基础势能特质所在。

宗经

◦ 167

战国时期的典籍《尸子》曰："无私，百智之宗也。"能做到无私、无我、无相，才会有无限。

◦ 168

有人问我：您讲课有趣、文章耐读，是如何练出来的？

我答：是如此践行出来的——"取义于经，取材于史，多读先儒之书，留心天下之事，文字所出，自有不可磨灭之光气。"（林纾）这是读书人践行"宗经、涉事"的果实。除此之外，别无他法。

169

人要多读圣贤书,广行万里路,才有可能通天地情、达万物理。

170

2400年前,战国时期的荀子确定的"天地君亲师"是中华民族的族训——她告诉我们:没有天地,就没有这个世界的存在;没有"君",社会就会混乱不堪,苍生不宁;没有父母双亲,就没有我们的肉体生命;没有老师,就没有我们觉醒的精神生命和永恒的智慧真谛。

五

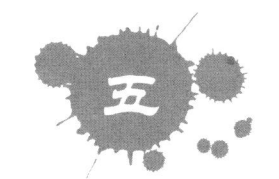

识鉴

识鉴

171

一些老师在教你如何赚钱或骗钱；而真正的良师，一定是教你如何值钱！

172

多言不守静，多才不蓄德，富贵不同宽，行善不辨人，多遭横祸。

173

世间忧喜无定,万物消磨有因,但看你有否慧眼与妙法去得悉。

174

孔子说,益友有三种:友直、友谅、友多闻。我再加上两种:其一,友为己辩:在别人误解你的时候,他能够无所畏惧地替你仗义执言;其二,友共乐:他能够与你一起创造快乐的回忆。

识鉴

175

站在智慧的角度看,表里如一才是达人。

176

真正的善良,不仅包含慈悲,还包含对罪恶的惩罚。那是因为:惩恶才能扬善。

177

给不义之人输血，就等于给这个世界继续增加黑暗与不堪，实为共孽。

178

对一个群体而言，当金钱成了他们唯一的图腾，并为此不择手段时，这个群体就彻底烂掉了！

识鉴

○ 179

人生要想进步，就要学会做减法——而最重要的减法，就是要从交友开始核算。看看你的生命中，究竟有多少益友和损友；而能够毫不虚荣地止损，便是福报和增寿的显现。

○ 180

古往今来，但凡真知灼见，皆能跨越时空、万里同风。

181

世象之变，由万象所展现出的不同势能和功用所致。

182

对于"三教合一"，需抵达至境之人方可表达与坚信。而囿于一隅者，多井底之见，更生叛乱。

识鉴

○ 183

心中任何瞬间涌现的善念都不容易,千万不要怠慢了它!

○ 184

凡事,因上管窥,行上努力,无问一时得失,但需洞悉因果。

185

人们所谓的种种传奇，大抵多为不同程度的无知而已。

186

君子诚同，小人伪同。君子在道境上，源自内心的诚意是相同的；而小人却"大伪似真"，外现天衣无缝，但内在虚伪邪劣的本质却无二无别。

187

饱含智慧的慈悲,才会铸就无染的善业。否则,"慈悲多祸害,方便出下流"。

188

大美一定是浑然天成的。

∽ 189

对自己真正的爱，就是学会与实相相处。

∽ 190

真正交友，是靠价值观，而非价格。

191

刻意,是一切天然的污秽。

192

不要盲目羡慕,那些锅中即便再风光无限,锅底也依然是灰头土脸的。

193

行胜于言——很多概念上的善业，由于内质并不纯良，逐渐演变为追逐名利，金玉其外，甚至完全抵消了最初的善意，其结果也必定是狼藉满地。

194

很多人，一生都是依靠走肾度过的，从未认认真真地走心过。因此，他们的一生早早就见底了。

195

时间是"命"的重要组成,它最珍贵。谁能分命给你,并能令你人生更加饱满,谁就是你的大贵人。

196

人的一生,生死与开悟是大事。因而,大事要严谨,小事要轻松。但很多人却是小事吹毛求疵,大事稀里糊涂……全都错乱啦!

盈心

∽ 197

珍惜，并不代表你懂得什么是爱。

∽ 198

一个人真爱另一个人，是一定会懂他（她）的。如果不懂，那就说明你的爱还很模糊。

识鉴

◎ 199

真爱,皆具有浑然一体、水乳交融的特质。

◎ 200

生活中,别的都可以逊色,但贴身之物一定要亲切,当然也包括人。

201

与其相处,既得吉祥,又得无限生机,便是贵人。

202

迷失于自心的喧嚣,是痴暗的绽放。

203

遗神得貌，是中国设计领域的核心弊端。

204

见到别人的不堪，就更应该做好自己。

205

什么是"自然而然"?水地涌金莲者即是。

206

新闻事件越多,鲜活而令人觉醒的案例就越丰富——对有心者而言,它们都是殊胜的精进资粮。

207

无论以何种方式来剥夺你深入智慧财富的因缘，都是你的孽殃。

208

共情能力弱的人，展现出来的祥和状态往往更浩荡。

209

人生要有自我做主的穿透力，这样才不会被任何事相所淹没。

210

那些看似不合群的人，人们并不知道他们内心的澎湃。

211

你可以释放爱，但不要让你的爱带毒。

212

问问自己：迄今为止，你有自己的生命里程碑了吗？

213

宇航员在月球上看这个世界——人生百年,不过刹那而已,并且了无可依。

214

饱含觉醒与超越的相逢,会令生命更加鲜亮。

215

善良固然是美质，但同时还应具有化解危机的能力。否则，善良就会展现出愚痴的症状。

216

一个对死亡命题没有正见的人，是无法逃避内心的虚荣的。不要认为肉体生命消失了就是死亡，其实你在别人那里失去了价值也是一种死亡。

217

这世上,从来不缺喊口号、讲概念的人!缺的是明道、力行、通达、柔韧、慈悲的善人。

218

古语云:"人生皆苦。"因而,无论在哪里,人生的常态都是苦苦与共。

识鉴

🔊 219

人无十全十美,哪个时代都有好有坏,只有智者懂得学人长处补己短处。

🔊 220

总为自己的错误狡辩,就会总犯错误。

221

见识的匮乏，能直接导致想象的贫穷。

222

管子曰："以人为本。"老子曰："知人者智。"当年，孔子的贤徒樊迟，问老师什么是"智"？孔子毫不犹豫地说："知人！"可见，在"智"的问题上，这三位圣人的见地是异曲同工的。

识鉴

223

能替天行道、代天化育生民的时贤,便是人中之宝。

224

一味地顺从,是更新不了爱的质量的。

225

没有智慧的心理学，都是杀人溺己的无方药。

226

清代魏源《默觚·治篇七》曰："不知人之短，不知人之长，不知人长中之短，不知人短中之长，则不可以用人，不可以教人。"须知：不知，便是无知。无知而语，便是丧德。丧德则无慧。

识鉴

227

很多人都把走近当成了走进，一直自欺欺人，并养育了无限的骄慢。

228

世间事，有三怕：一怕外行指导内行；二怕内行本事不精；三怕无缘不能度。

盈心

229

醍醐

沧桑戏鬓华，江月照海深。
回影连三世，一生困六根。

230

绝人事，便是法船；有真师，方得窍要。

231

何谓勇敢？勇敢是无所畏惧的担当。

232

真正的慈悲与善待，离不开勇敢和智慧。

盈心

233

有些人,看似得胜一时,但却腥臊千古。

六

涉事

234

要让人佩服,不要让人屈服。佩服是身心俱服,屈服是心异形服。前者是赞,后者是辱。

235

用心做事,且能分命给社会,生命怎能不芳香四散?

236

善待，不是一句空言，它是功夫、智慧与德行的展现。

237

任何布施都需要智慧，否则会徒增业力。

☞ 238

能度人,便是积德;能接引,便是同德。

☞ 239

无论做什么事,都不要放弃良知与尊严。

240

缺少文化底蕴之地,便缺少厚道,而涉事也常会展现出非左即右的两极。

仅仅是自己,还有家庭与社会。

241

这世上,矛盾和烦恼不会消失,但你不会复来,因此请过好当下。

242

施援他人的方式有很多种，但救急为重。

243

这世上，人人都是自己的墙，因此，如何破壁是个大问题。

244

一山一叶一雨露,皆为良药。一明一昧一精纯,俱为生涯。

245

提炼自己一切经历的信息,是自我成长和纠偏的最重要源泉。缺少这个能力,便会导致人生持续困顿!

246

"路头一差,愈骛愈远,由入门之不正也。"(宋代严沧浪《沧浪诗话·诗辨》)人生做任何事,都要路径正确。否则,交友、结伴、谋事,乃至安身立命,一旦南辕北辙,必定狼藉满地,苦不堪言!

247

以无住的智慧,应当下机,与无住的事物,打成一片,让自己具有通身是眼的功夫。

248

人生，往往在不经意间，就悄然转身了，生命也因此开始大相径庭。

249

所作所为，能获得无伪的尊敬才是真正地善待自己！

250

要能在经验的流转中，成就自己的智慧。

251

所有的执着，都是对智慧的狙击。

252

时时感恩和行持善法,是智慧的引擎。

253

智慧和聪明完全是两码事。智者之为,每每都是在增加福报,而聪明者之为,却反其道而行之。

254

生活中的很多"困难",往往来自人们对生命的维度和高度的要求。譬如,遇事普遍采取放弃和逃避态度,便会降低困难度;但如此一来,也矮化了生命的品质。

255

若能将专业、温暖与亲切,贯穿在自己的行业之中,则定会使人欢喜、受人礼敬。

256

无论做什么,都要选择让自己专业。

257

人与人之间,若不能畅所欲言,则为滞交。滞交则不通,或瘀或痛。

258

如果你尚未学会与人融洽相处,那就需要向内清淤。

259

满世界遍见撒狗粮的,但只有那些撒道粮的,才是把人当人、平等对待的人。

260

真正的智者，往往都会把不起眼儿的事情做得细致入微、热气腾腾，直至铿锵于世！

261

理论上，慈悲可以累积福德。但实际上，没有智慧的慈悲，会产生无数可悲的后果。

◯ 262

生命的精彩和自由，源于对一个个细节通达无碍的经历。

◯ 263

任何投资，都要朝向培德的方向行进，这样才会进而无忧、裕而无患。

264

一切遭遇，都是对自己的打磨，只有耐磨者才会脱颖而出。

265

在你不了解他人之前，请展现修养，保持沉默，莫要有过度的揣测及指控。

266

那一个个或漂泊无依或浪荡不羁或炽燃果敢的物化生涯，背后都裹藏着一个个或孱弱或自主的灵魂，而这种种不可胜数的呈现，即是人世实实在在的宿命。

267

这世间，表象的分别是为了有效地落实践行慈悲和各就各位的能力。

268

精致的言行，无伪的结果，便是焕丽的人生。

269

世间事，同声相应，同气相求，同频共振，同力共生。

◠ 270

真正的聪慧者,皆视一切经历为增上缘——只不过,这个增上缘有顺逆之别而已。其中,顺增上缘,是指在顺境中令自己智慧饱满;反之,则为逆增上缘。

◠ 271

天下事,"顺理则裕"——要顺随天理的势能走,不要顺随个人的妄想走。一旦顺着妄想走,就丢人了。

盈心

272

要感恩那些以各种方式让你见证自己人生种种巅峰的人，他们都是你的贵人。

273

面对任何事情的发生，都能与智慧交融，才是真正在饱满生命。

274

涉万事而不散乱，堪为大雄之人。

275

人生，无论善待谁，都是温暖在流转，爱在延宕，最终受益的还是你自己。

276

古今豪杰栋梁之才,皆能择善而从、当仁不让、精进修学、高瞻远瞩、无私而行。

生活中,总有一些嘹亮在回荡……这些无伪的声音也会昂扬地成为你生命中的慧光。

277

涉事要有能照的功夫——要能从中提炼出自我拆解和攀升的动力。如此,生命才会越来越庄严!

278

要努力让与你发生各种关系的人有尊严。

279

世上没有来日方长这个真相,有的只是真谛在行间。

280

无论做什么事情,都不要做随波逐流的尘埃和泥沙,要专心敬业、厚积薄发,养好精气神,成其伟大!久而久之,自会发现:你若有道,群芳自来!

281

无论以何种方式涉事,都要迅速了解其内质,做到心中有数,取好用之。

282

命中无缺是富，佑人得祥是贵。

283

爱的关键，不在于口言心挂，而在于要能将其付诸情深意长的温暖行动中。

284

经天纬地,必作于细——真爱亦然!那些诚挚的爱、深情的善意,都离不开你摆平细节的能力。

285

能将细心落实于生活中的在在处处,久而久之,定能被激赏和仰慕。

286

人生能在各种跋涉中不断返璞归真、平和安然,便是饱满的智慧在绽放。

287

若智慧不能与活泼泼的实践力相得益彰,便是视而不见、充耳不闻、无物可应的空慧。若果如此,则一切知行,皆如死物。

288

人生涉事,要展现匹配与超越的智慧,不要展现无能与平庸。

289

建功立业,唯有稳、准可大,这是因为:稳可得高,准可得正,高正可得大!

290

合情、合理、合势、合欢，才能把好事真正做好。

291

做事不动声色、心中有数、四平八稳、步履扎实、硕果累累，就是高人。

官方微信平台

上架建议 心灵随笔/人生哲学

ISBN 978-7-5207-2919-2

定价：68.00元

天猫旗舰店：人民东方图书音像旗舰店 https://rmdftsyx.tmall.com
京东旗舰店：东方出版社旗舰店 https://renmindongfang.jd.com
微博、博客热搜：活法在东方